歷代拓本精華

卅肆

劉宇恩 編
上海辭書出版社

黃庭堅書南浦題名

庭堅蒙恩東歸

道出南浦太守

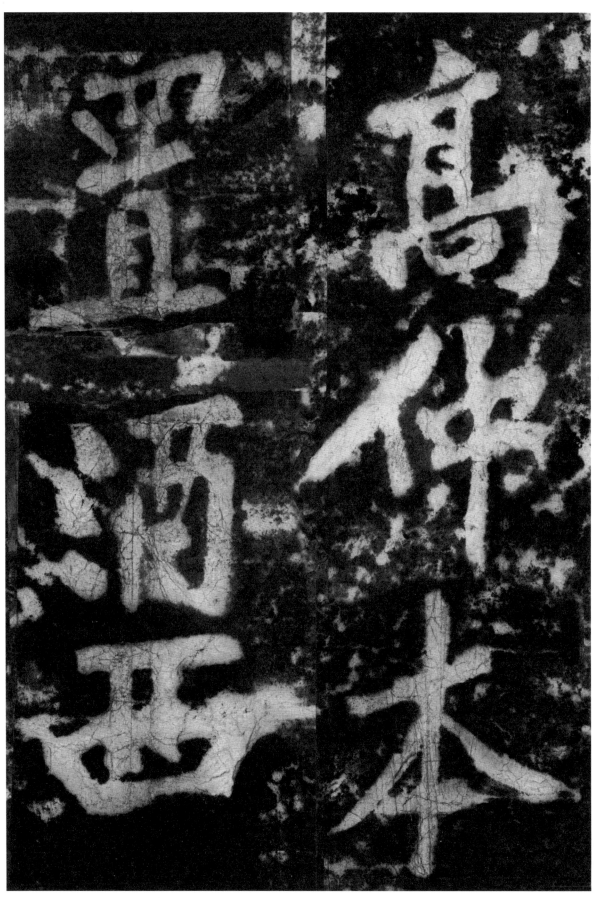

山實與其從事

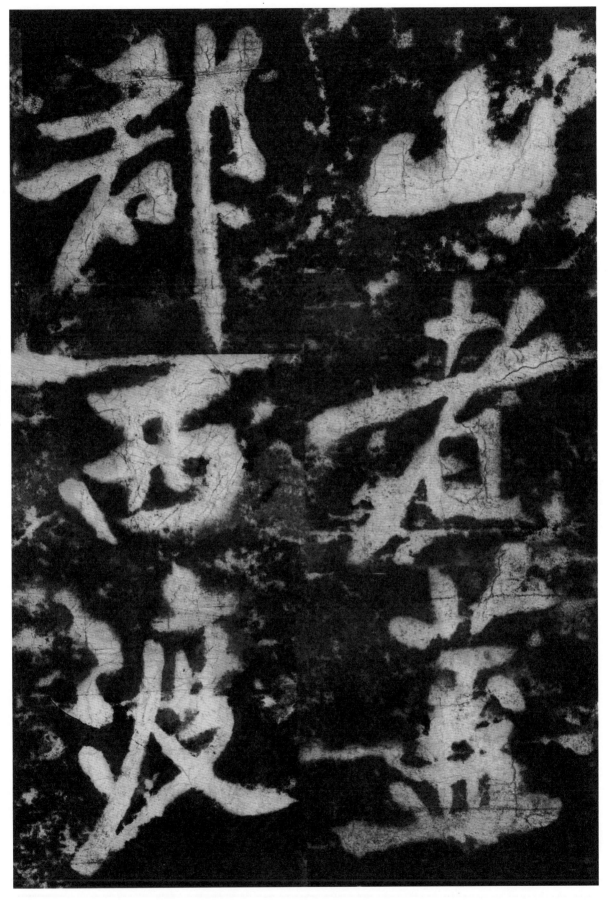

山者蓋郡西渡

大壑稍陟山半

竹栢薈翳之門

水泉潴爲大湖

亭榭環之有僧

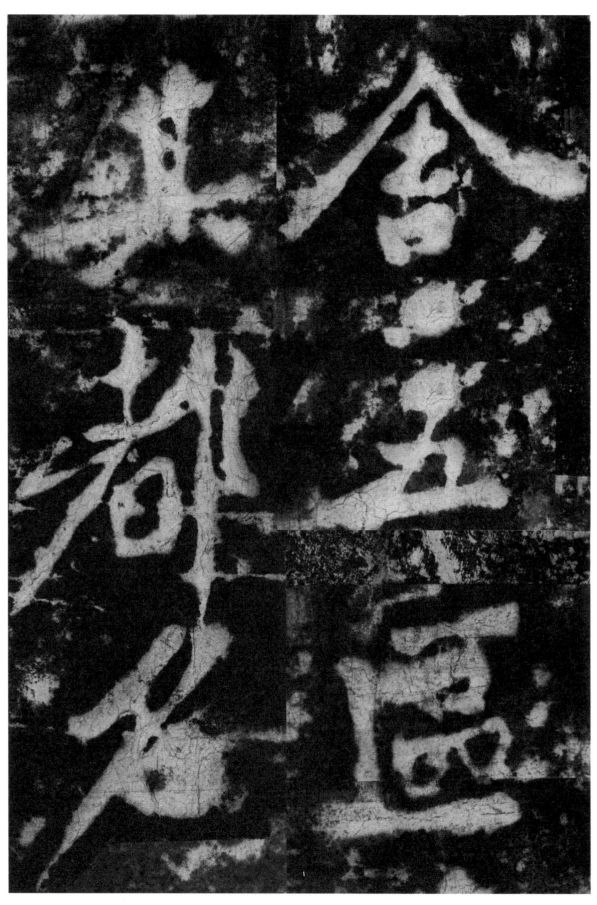

舍五區其都名

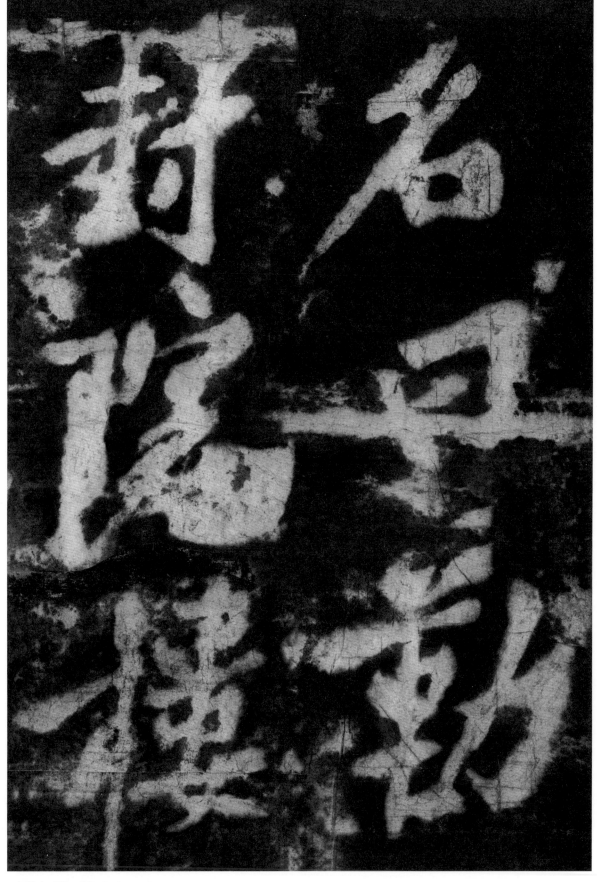

名曰勒封院樓

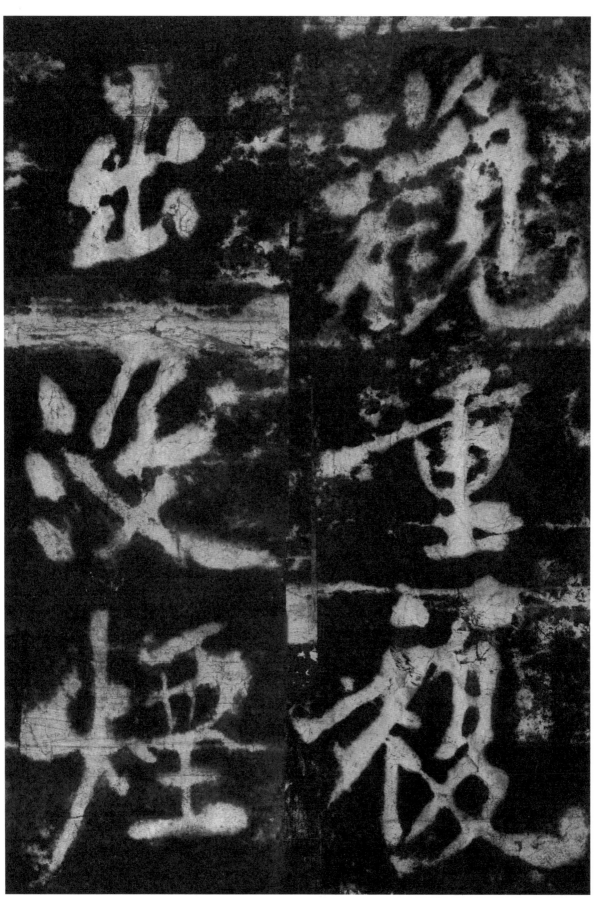

観重複出没煙

霏之間而光影

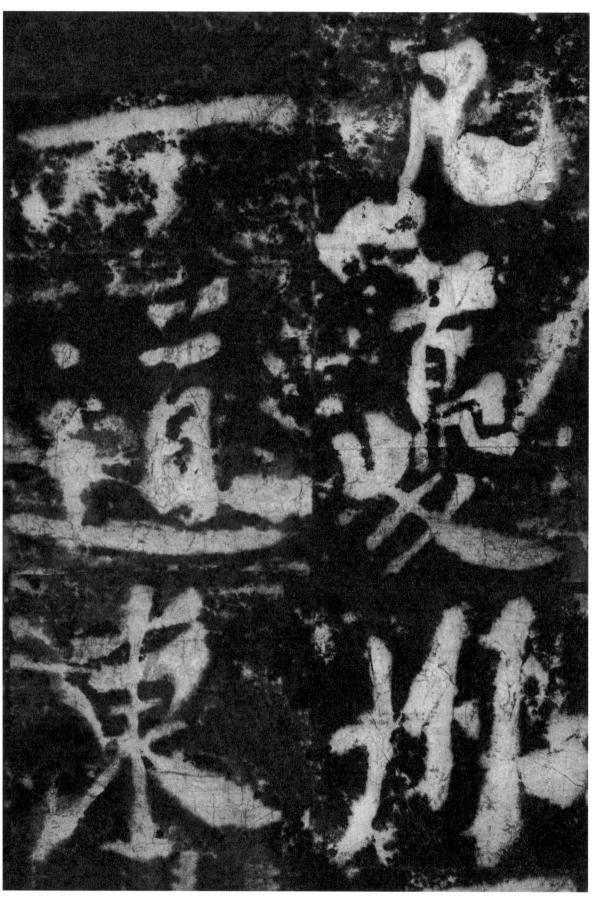

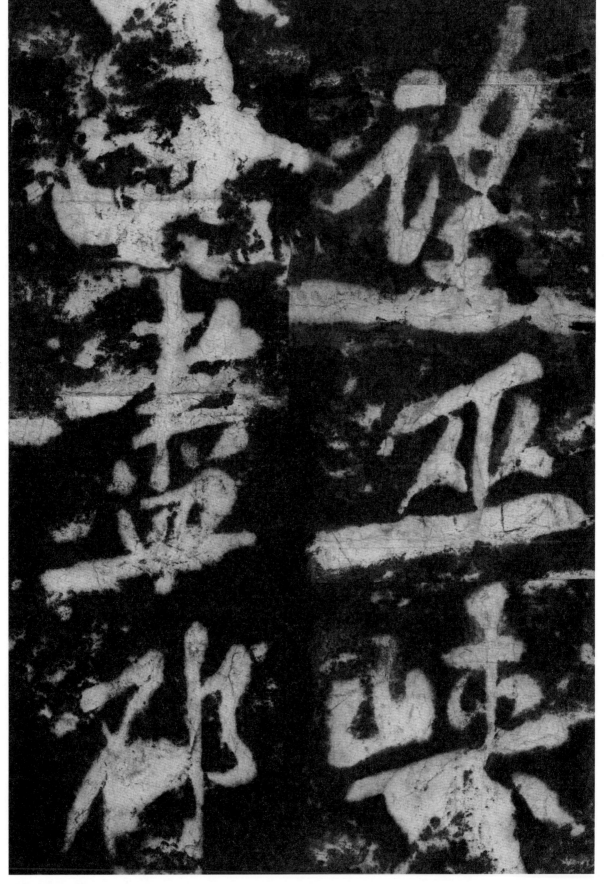

望巫峽西盡郁

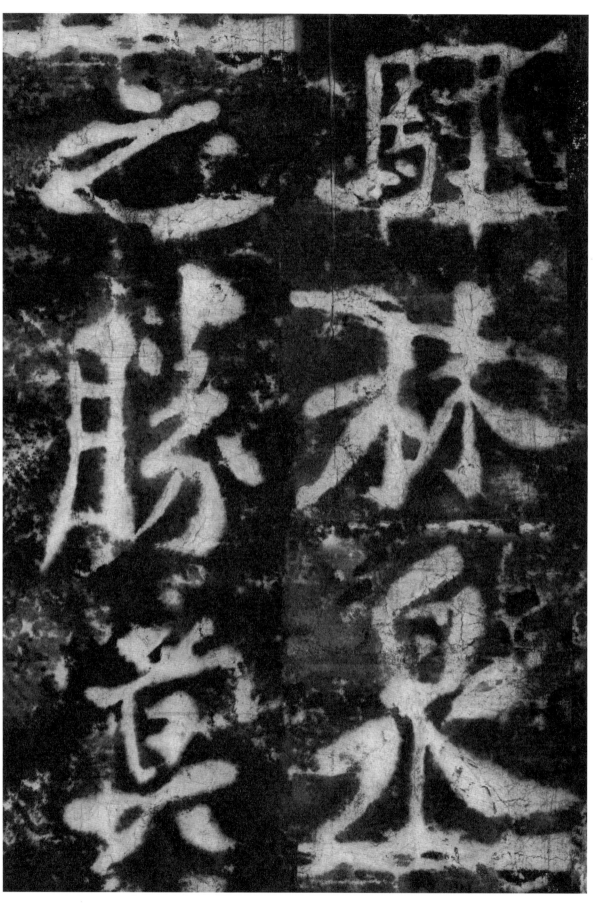

駆林泉之勝莫

與南浦爭長者

事作東西二堂

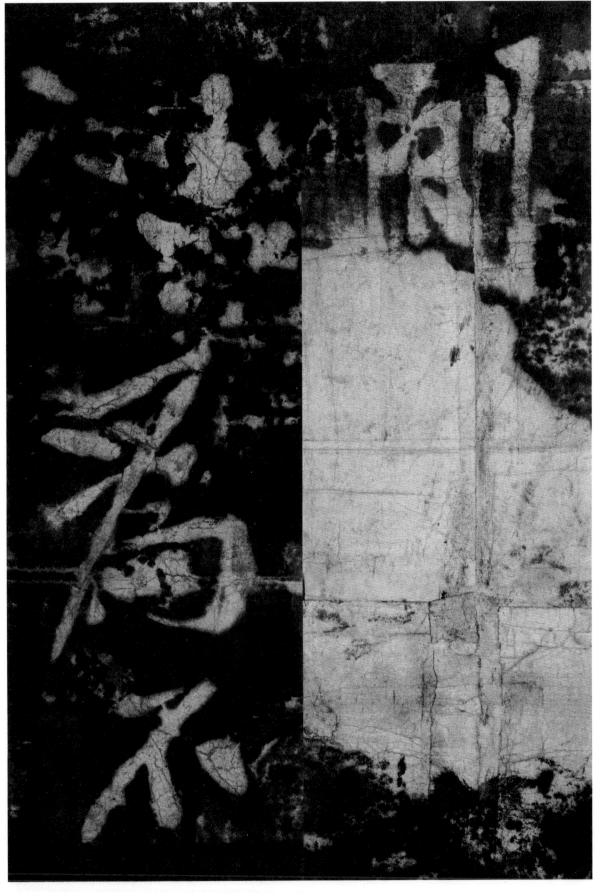

間（仲）（本）（以）爲不

奢不陋□□而

夏涼宜於游觀

年二月辛酉江

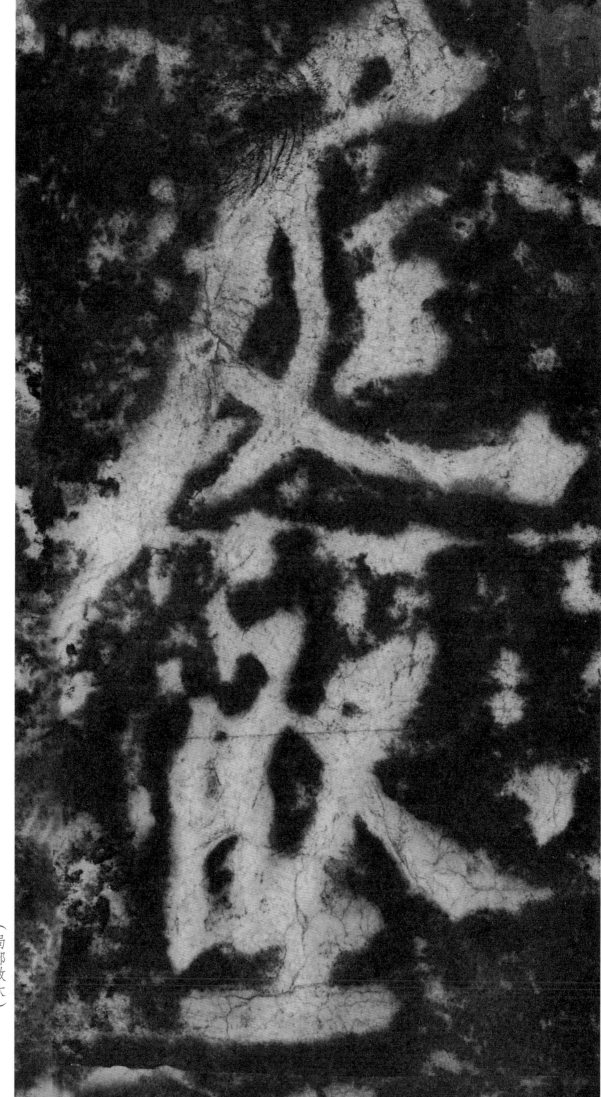

（局部放大）

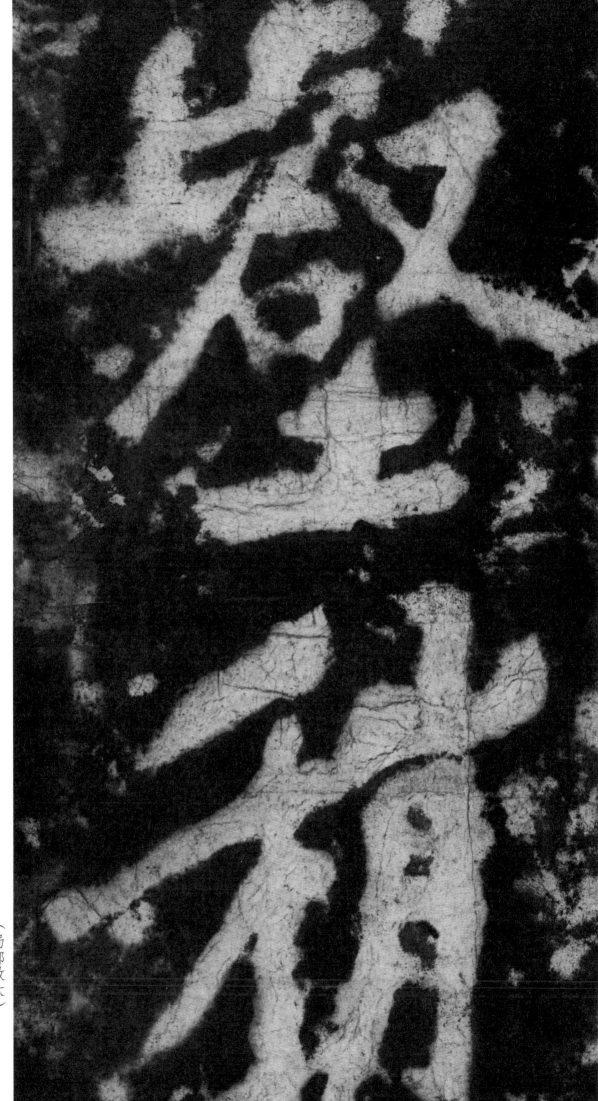

（局部放大）

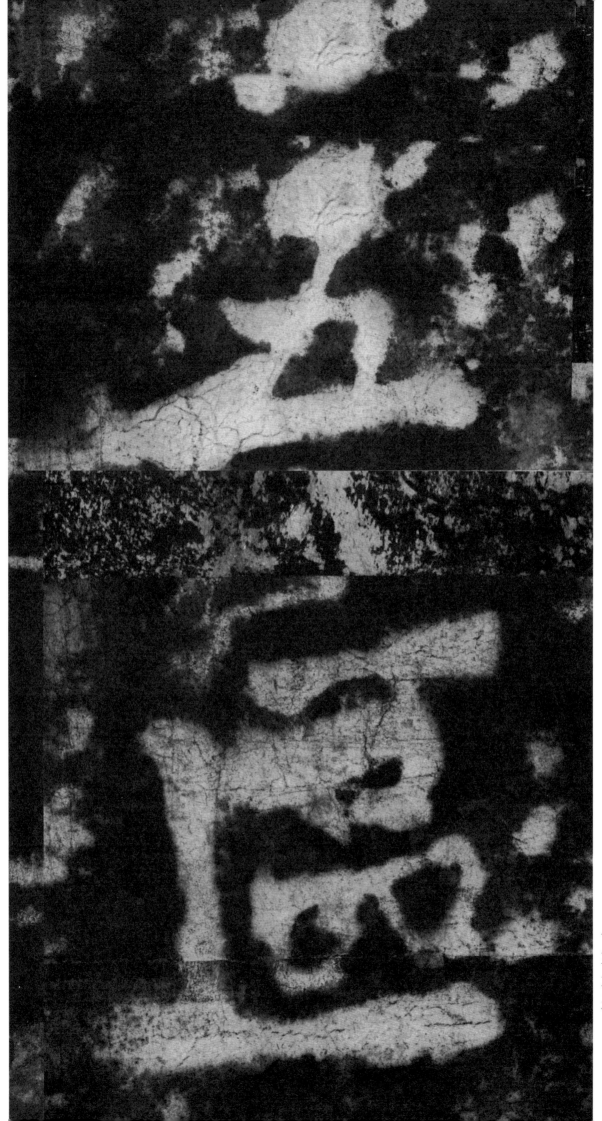

（局部放大）

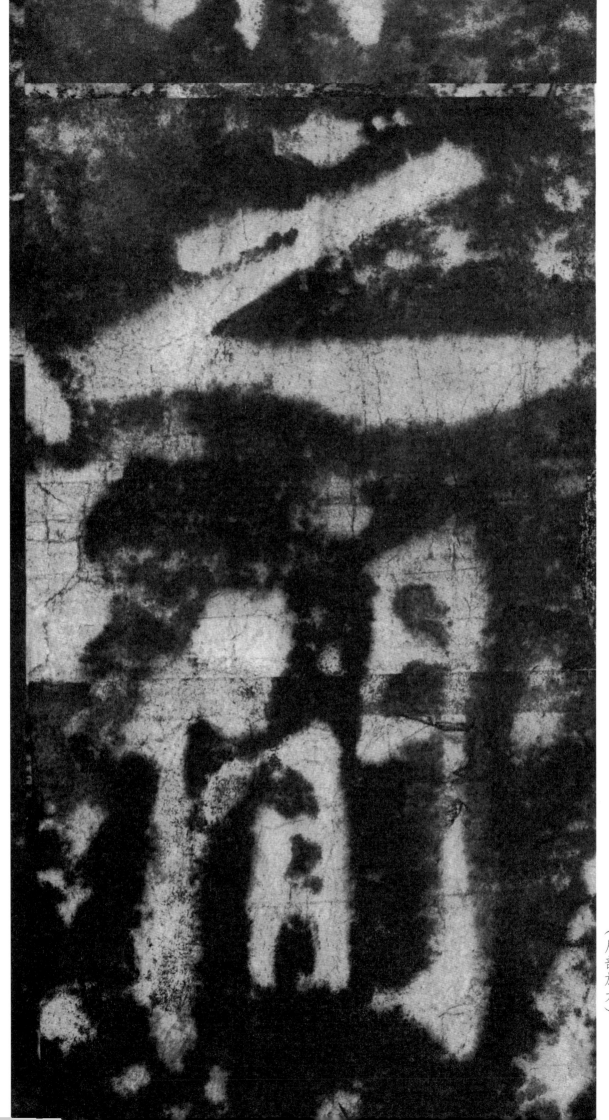

38

（局部放大）

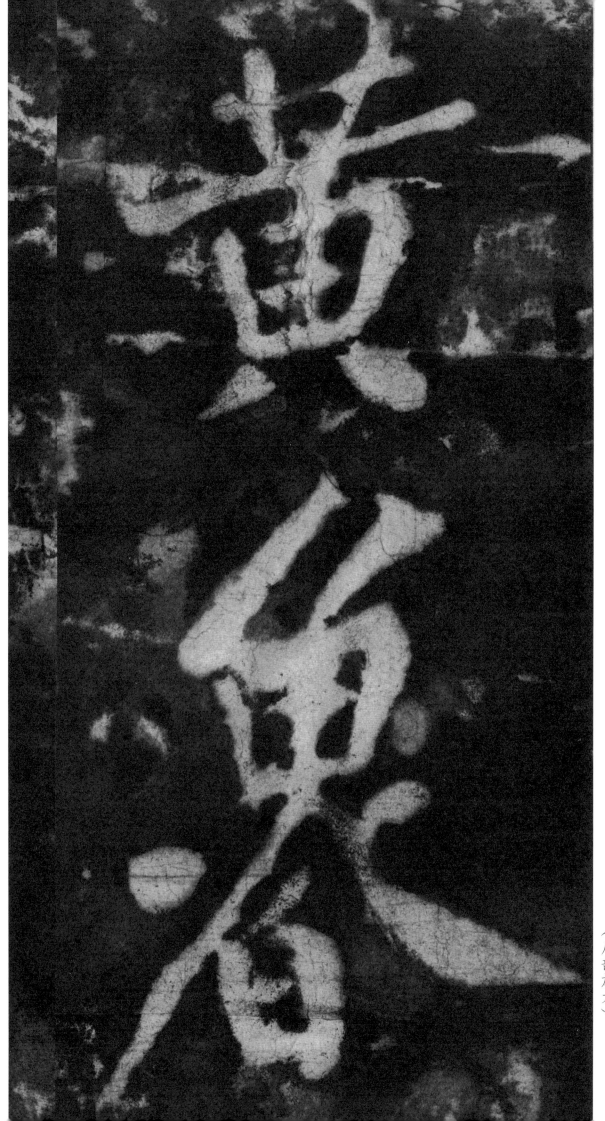